Ich denke positiv

*Ein positiver Gedanke
ist wie ein fallender Tropfen
ins stille Wasser,
er bildet weitere positive Kreise.*

**Dieter Packheiser**

DIETER PACKHEISER

# Ich denke positiv

Ich-Botschaften für
Körper-Seele-Geist

Bibliografische Information der Deutschen Nationalbibliothek.
Die Deutsche Nationalbibliothek verzeichnet diese Publikation
in der Deutschen Nationalbibliografie;
detaillierte bibliografische Daten sind im Internet
über http://dnb.dnb.de abrufbar.

Satz, Umschlaggestaltung, Herstellung und Verlag:
BoD – Books on Demand, Norderstedt

ISBN 978-3-7583-5971-2

# Inhalt

# Zum Start Ich-Botschaften

Liebe Leserin, lieber Leser,

Sie beginnen bereits beim Start mit Ihrer inneren Entwicklungs-arbeit:

- Ich lasse die positiven Leitsätze überall dort auf mich wirken, wo ich mich für kurze Zeit innerlich zurückziehen kann, ob in Bus oder Bahn oder in der Mittagspause,
- Ich nutze die einfühlsamen Sätze besonders vor dem Schlafengehen, um sie im Unterbewusstsein zu verankern und zu verstärken,
- Ich arbeite geduldig an meiner Persönlichkeitsentwicklung,
- Ich gehe Schritt für Schritt einen langen Weg,
- Ich weiß, **„Der Weg ist das Ziel!"**

\* \* \*

**Warum ist der „Weg" das Ziel?**

- weil ich den Weg zum Ziel immer wieder gehe: Tag für Tag, Woche für Woche, je nach Ziel vielleicht Jahre,
- weil der Weg zum Ziel das tägliche Geschäft ist, das dauernde Bemühen,

Das Ziel aber leuchtet als ständige Wegmarkierung hell im Hintergrund, als „Licht am Ende des Weges"!

*Wer ein Ziel will,*
*darf den Weg nicht scheuen,*
*er sei glatt oder rau.*

———————

**Theodor Fontane**

(1819-1898), deutscher Schriftsteller

WAZ 7/2017

# Ist positives Denken naiv?

Es war vor etlichen Jahren auf einem Lehrgang über Logistik. Ich interessierte mich gerade privat für das „positive Denken" und prüfte diese Aussage ständig nach allen Richtungen, ob ich sie uneingeschränkt übernehmen könnte, oder würde ich damit Probleme nur Schönreden und zudecken?

Eine Glocke rief zur kleinen Vormittagspause, und gerade standen wir zu dritt und aßen Apfel oder Butterbrot. Eine Teilnehmerin und ich sprachen mit dem Dozenten, einem Wirtschaftsprofessor, über dies und das und nach einer Weile fragte ich: „Was halten Sie vom positiven Denken?"

Kaum hatte ich das ausgesprochen, bekam ich kräftigen Gegenwind.

Der Dozent schüttelte den Kopf: „Ach, das ist doch naiv. Gut gemeint, aber irgendwie blauäugig." Und auch die junge Ingenieurin überlegte nicht lange: „Da halte ich nichts von. Das ist Schönfärberei, das reale Leben sieht doch anders aus."

Bei diesen spontanen und eindeutigen Äußerungen schrumpften meine positiven Argumente merklich zusammen. „Aber", sagte ich, „das positive Denken schließt doch ‚naiv' und ‚blauäugig' aus, denn diese Begriffe und Inhalte sind negativ, und das positive Denken schließt das Negative aus."

Nein, die beiden blieben dabei: so bekommt man keine Probleme aus der Welt! Damit war das Thema erledigt.

* * *

Ungefähr zur gleichen Zeit hatte ein Ehepaar unsere kleine Freundesgruppe zu sich nach Hause eingeladen. Durch Zufall waren die Frauen irgendwo in intensiven Gesprächen, und wir sechs Männer saßen mit unseren Getränken gemütlich um einen kleinen Tisch im Wohnzimmer.

Das allgemeine Gespräch empfand ich plötzlich ein bisschen langweilig und ich dachte, bring doch mal mehr Leben in die „Bude". Und das bekam ich auch sofort, denn ich fragte laut und deutlich in die Runde: „Was haltet Ihr vom positiven Denken?"

Ja, und dann wurde mir von allen Seiten tüchtig „der Kopf gewaschen". Ich hatte es irgendwie erwartet, und deshalb war der Schmerz nicht ganz so groß. Aber erstaunlich: alle fünf waren dagegen! Dieses Denken war für sie so weltfremd, so unrealistisch - nur etwas für Träumer.

Auch hier brachte ich die Argumente vor, dass naiv, blauäugig und blind negative Denkmuster und Verhaltensweisen sind und sich beim positiven Denken ausschließen. Und, dass auch das positive Denken deutlich die Tatsachen erkennt und die Dinge real sieht wie sie sind. - Egal, das Thema war vom Tisch.

Ich sage, positives Denken ist
- keine Schönfärberei, kein Schönreden,
- keine schöne Welt wird vorgegaukelt,

- kein Wegducken vor den Problemen,
- kein ständiges Tagträumen.

Im Gegenteil,

- Ich sehe die Welt wie sie ist,
- Ich weiß, dass es Mord und Totschlag gibt,
  Raffgier und Gewalt,
- Ich sehe deutlich die Tatsachen - Ich sehe
  die Dinge wie sie sind,
- Ich weiß, dass es auch schief gehen kann,
- Ich mache das Beste daraus - Ich hoffe auf das Gute,
- Ich entwickle konstruktive, partnerschaftliche
  Lösungen,
- Ich vertraue auf meine Stärken -
  Ich akzeptiere meine Schwächen,
- Ich nehme mich wie ich bin,
- Ich bin okay! - Du bist okay!

*Das Schicksal besteht aus zwei Komponenten:*
*dem objektiven Ereignis und*
*der Art des Betroffenen, damit umzugehen.*

———————————

**Chilenisches Sprichwort**
WAZ 66/2011

## Positives Denken

Ist das Gegenteil von:
naiv,
blauäugig,
blind,

denn naiv, blauäugig und blind wäre:
kindlich, versponnen, verträumt, gutgläubig,
leichtgläubig, vertrauensselig, unerfahren, einfältig,
kritiklos, unkritisch, ahnungslos, unüberlegt,
leichtfertig, leichtsinnig,

\* \* \*

*Das Lächeln, das Du aussendest,*
*kehrt zu Dir zurück.*
_____

**Indisches Sprichwort**

# Ich denke positiv

- Ich weiß, jeder erfährt im Laufe seines Lebens Verluste,

- Ich atme ruhig und frei – es atmet mich,

- Ich spüre eine positive Grundstimmung,

- Ich sehe die Welt wie sie ist,

- Ich nehme die Menschen wie sie sind,

- Ich erkenne, dass viele Menschen viel Gutes tun,

- Ich fühle Lebensfreude und öffne mich
  dem aktiven Leben,

- Ich habe Stärken und Schwächen,
  wie andere Menschen auch,

- Ich stelle mich auf die jeweilige Situation ein,

- Ich mache das Beste daraus,

- Ich freue mich über meine Stärken, und
  akzeptiere meine Schwächen,

- Ich bin in Ordnung! – Du bist in Ordnung!

- Ich mag mich, und ich weiß, je mehr ich mich mag, desto mehr mag ich andere,

- Ich übernehme Verantwortung für mein Fühlen, Denken und Handeln,

- Ich handle gegenüber Menschen so, wie ich von ihnen behandelt werden möchte,

- Ich blicke optimistisch nach vorne,

- Ich entwickle mich positiv,

- Ich lebe im Heute, im Jetzt - in diesem Augenblick,

- Ich genieße auch bei Regen einen Spaziergang,

- Ich lese immer wieder in den positiven Formulierungen,

- Ich motiviere mich selbst,

- Ich denke positiv!

Leben,
Lebensfreude,
Erkenntnisse
umsetzen

# Das tägliche Leben genießen

- Ich lebe in der Gegenwart und tue, was gerade akut ist,
- Ich erkenne den Wert des Alltags,
- Ich weiß, mein Leben findet täglich statt - Urlaub und Weihnachten sind dagegen irgendwann,
- Ich erkenne im Alltag das eigentliche Leben - Tag für Tag, ein Leben lang,
- Ich lebe den Augenblick, und konzentriere mich auf das, was ich gerade tue,
- Ich fühle mich stimmig in meinem Tun,
- Ich schaffe mir immer wieder kleine Freiräume, in denen ich einmal tief durchatme, und für einen kurzen Augenblick zu mir selbst finde,
- Ich sehe einen Sinn in meinem täglichen Handeln,
- Ich gestalte meinen Alltag positiv,
- Ich freue mich über kleine Dinge, die mir tagsüber gut tun,
- Ich sorge am Abend, in der Freizeit und am Wochenende für schöne Dinge, mit denen ich mich entspanne und meine Energie auflade,
- Ich pflege guten Kontakt zu meinen Freunden.

*Es ist nie spät, zufrieden zu werden,*
*doch es wird mit jedem versäumten Tag schwieriger.*

---

**Graham Greene** (1904-1991)
britischer Schriftsteller

# Tägliches Leben

- Ich mache aus jedem Tag das Beste,
- Ich weiß, entscheidend ist meine innere Einstellung – je mehr ich mich mag, desto mehr mag ich andere,
- Ich denke realistisch,
- Ich meistere mein Leben,
- Ich entwickle mich positiv,
- Ich bleibe lebendig,
- Ich habe den Mut zum Wandel,
- Ich konzentriere mich auf das Wesentliche,
- Ich weiß, ich habe die Wahl meiner Wünsche und Gedanken,
- Ich bin gesund aus meiner Mitte – aus der Mitte von Körper-Seele-Geist,
- Ich weiß, positives Denken ist zuversichtliches Denken,
- Ich suche und finde meine positive Entwicklung in mir selbst,
- Ich handle ruhig und bestimmt.

# Lebensfreude

- Ich schütze mit innerer Lebensfreude
  meine Gesundheit,
- Ich bleibe dadurch leistungsfähig und erfolgreich,
- Ich weiß, das Leben ist anstrengend,
- Ich achte auf ganzheitlichen Ausgleich,
- Ich öffne mich angenehmen Gedanken
  und Stimmungen,
- Ich erkenne die Grenzen meiner Belastung
  und spreche sie an,
- Ich sage Nein ohne Schuldgefühle,
- Ich halte die Enttäuschung aus, wenn meine Wünsche und Erwartungen hin und wieder nicht in meinem Sinne laufen,
- Ich pflege gute private und berufliche Beziehungen,
- Ich erkenne Stress und meine Erschöpfung, und ich suche bewusst harmonischen Ausgleich,
- Ich lebe harmonische Partnerschaft, und ich gebe und nehme Zärtlichkeit,
- Ich achte auf ganzheitliches Leben, auf einen Wechsel von Anspannung und Entspannung,
- Ich fühle, denke und handle positiv,
- Ich liebe das Leben,
- Ich konzentriere mich auf das Wesentliche,
- Ich weiß, es ist alles relativ – meist gibt es kein Richtig und kein Falsch, denn „was dem einen sin Uhl, ist dem andern sin Nachtigall",

- Ich suche einen Weg, auf dem ich dem Leben und der Gesellschaft am besten dienen kann,
- Ich weiß, je mehr ich mich mag, desto mehr mag ich andere, desto mehr öffne ich mich anderen und habe Vertrauen,
- Ich erfahre darin Ruhe und Kraft,
- Ich weiß, dass ich hin und wieder von Menschen enttäuscht werde, doch ich halte den Schmerz aus, denn je mehr ich vertraue, desto lebendiger bin ich.

# In der Gegenwart leben

- Ich akzeptiere: Was war, das war –
  was kommt, das kommt,
- Ich lebe jetzt und handle sofort,
- Ich lebe in der Gegenwart und tue das,
  was gerade akut ist,
- Ich treffe meine Entscheidungen jetzt,
  in diesem Augenblick,
- Ich setze mich aktiv und erfolgreich für meine Aufgaben in der
  Gegenwart ein,
- Ich gestalte damit auch meine Zukunft,
- Ich handle!

# Lebenseinschnitt, neuer Lebensabschnitt

- Ich stelle mich auf einen neuen Weg ein,
- Ich verändere mein Fühlen und Denken über verschiedene Dinge,
- Ich ändere meine Ansichten und Einstellungen,
- Ich komme zu mir selbst,
- Ich sehe meine Vorgehensweise,
- Ich wende mich den positiven, nach vorne gerichteten Kräften zu,
- Ich schätze die jeweilige Situation realistisch ein,
- Ich fühle mich dabei ruhig und frei,
- Ich handle besonnen,
- Ich atme tief und ruhig – es atmet mich,
- Ich akzeptiere mich, und ich mag mich,
- Ich wende mich gelassen und tatkräftig den wesentlichen Dingen zu,
- Ich lade andere Menschen ein, mit mir zu gehen,
- Ich bin ich – und das ist gut so!

# Leben, Lebenseinstellung, Erleben

- Ich lebe in der Gegenwart und mache das Beste daraus,
- Ich gehe mutig meinen positiven Weg,
- Ich erfreue mich an den heiteren Dingen des täglichen Lebens,
- Ich konzentriere mich auf mein Tun,
- Ich fühle und handle im Jetzt,
- Ich bin ganz bei meiner Sache, bei meinen Aufgaben,
- Ich fühle mich stimmig,
- Ich mute mir die Wahrheit zu,
- Ich achte darauf, dass mein Fühlen, Denken und Handeln übereinstimmen,
- Ich achte auf meine Eingebung, auf meine Intuition,
- Ich erkenne negativ gestimmte Personen - und ich halte mich möglichst fern,
- Ich erkenne auf Wachstum eingestellte Personen - und ich wachse mit ihnen,
- Ich nehme das Risiko einer kleinen Angst auf mich und wachse, indem ich das Angstvolle tue,
- Ich erkenne auf diese Weise meine Möglichkeiten - und ich werde mutiger und stärker,
- Ich erkenne den Sinn meines Lebens: **zu Leben!** - Also lebe ich!
- Ich handle, ich mache, ich lebe!
- Ich bin ich - und das ist gut so!

\* \* \*

- Ich nehme das Leben wie es ist,
- Ich weiß, es kommt darauf an, wie ich die Dinge sehe,
- Ich lebe gern,
- Ich werde nach und nach selbstsicherer,
  denn ich tue etwas dafür,
- Ich wage und versuche mal etwas Neues,
- Ich mache weiter, wenn es beim ersten Anlauf
  nicht klappt,
- Ich versuche es ein zweites Mal – ich habe
  mit mir Geduld,
- Ich bin offen für Experimente,
- Ich freue mich über meinen Erfolg, auch über
  den kleinsten Schritt,
- Ich lasse mich auch loben,
- Ich sehe der Zukunft gelassen und mutig entgegen,
- Ich fühle, denke und handle positiv,
- Ich entscheide Dinge, die für meine Umgebung
  und mich wichtig sind, *sofort*,
- Ich nehme die Menschen so, wie sie sind,
- Ich nehme auch mich so, wie ich bin,
- Ich arbeite mit meinen Stärken und an
  meinen Schwächen,
- Ich ändere schnell, was mich stört,
- Ich weiß, es ist völlig sinnlos, sich nur zu ärgern,
- Ich tue etwas, ich handle!
- Ich hüte mich, fehlerlos sein zu wollen,
- Ich bin okay! – Du bist okay!
- Ich weiß, auch ich mache Fehler, na und!? –
  Ich treffe jedoch Entscheidungen,
- Ich wage etwas, nur so komme ich voran,
- Ich habe Fähigkeiten, die wertvoll sind,

- Ich habe manchmal Lob verdient. Ich war eben gut,
- Ich erfahre auch Rückschläge, doch ich mache mutig weiter,
- Ich spüre, positive Wünsche und Gedanken erzeugen positive Erfahrungen.

# Erkenntnisse umsetzen

- Ich erkenne: *Körper-Seele-Geist* bilden eine untrennbare Einheit,
- Ich empfinde Seele und Unterbewusstsein als Impulsgeber geistiger und körperlicher Funktionen,
- Ich spüre, erst die Auflösung der tieferen, unbekannten Ursache bringt die Lösung, die Heilung,
- Ich übernehme ab sofort die Verantwortung für mein Fühlen, Denken und Handeln,
- Ich ertrage die Wahrheit meiner Erkenntnisse,
- Ich weiß, meine Selbsterkenntnisse sind meine ersten Schritte zu meiner Verhaltensänderung,
- Ich überprüfe meine Lebensregeln, und ich entscheide sie nach meinen heutigen Erkenntnissen,
- Ich bin für mich verantwortlich,
- Ich tue etwas, denn durch Jammern und Lamentieren geschieht nichts,
- Ich fühle, meine Entscheidungen machen mich frei,
- Ich verkleinere den Bereich meines Verbergens, und ich öffne den Bereich meines Vertrauens,
- Ich suche und finde Menschen, denen ich mich öffne,
- Ich öffne mich behutsam – Ich wachse Schritt für Schritt,
- Ich weiß, je mehr ich mich öffne, desto freier bin ich,
- Ich wachse aus meinem Unterbewusstsein, durch positive Sätze,
- Ich formuliere positive und lebensbejahende Suggestionen,
- Ich vertraue meinen Gefühlen und Impulsen,

- Ich vertraue meiner inneren Stimme, meiner inneren Eingebung,
- Ich atme tief, natürlich und entspannt,
- Ich löse mein Kernproblem – und ich weiß, ist das **Kernproblem** gelöst, lösen sich die Teilprobleme mehr oder weniger von allein,
- Ich atme tief durch – es atmet mich,
- Ich spüre, in welche Richtung ich meine Gewohnheiten ändern sollte,
- Ich lenke meine seelischen Kräfte in positive Handlungen,
- Ich nutze positive Suggestionen der Harmonie und des Wohlbefindens, um gesund zu werden und zu bleiben,
- Ich suche Lösungen für meine Probleme in mir selbst,
- Ich lebe im *Jetzt*,
- Ich handle! Danke!

# Ziele erreichen, Erfolg haben, Lernen

## Ziele erreichen – Erfolg haben
## Erfolgreiche Schritte

- Ich weiß, Tagträumen ist oft die Voraussetzung für Taten und Visionen,
- Ich verlasse meine Träume und handle!
- Ich prüfe meine Gedanken und Ideen mit den realen Möglichkeiten,
- Ich bin offen für kreative Impulse aus meiner Mitte,
- Ich erkenne die Chancen, die sich mir bieten,
- Ich setze mir Ziele, die ich wirklich erreichen kann,
- Ich formuliere meine Ziele positiv,
- Ich begeistere mich für diese neue Herausforderung,
- Ich plane meine Ziele schriftlich,
- Ich entwerfe Pläne, Strukturen,
- Ich verfeinere die Strukturen zu konkreten Bildern,
- Ich nenne meine Ziele beim Namen – Ich teile sie in kleine Schritte ein,
- Ich weiß, um meine Ziele zu erreichen brauche ich einen langen Atem,
- Ich genieße jeden kleinen Erfolg,
- Ich halte meine Teilerfolge schriftlich fest,
- Ich erkenne das Wesentliche und handle danach,
- Ich sehe, wie sich mein Erfolg nach und nach einstellt,
- Ich stelle mir das Bild vor, wie es sich später wirklich darstellt,
- Ich erfreue mich an diesem Bild, ich genieße es,
- Ich tauche ein in diese wohlige Atmosphäre,

- Ich weiß, je mehr ich an mich glaube, desto mehr kann ich andere von mir überzeugen,
- Ich bin offen für Neues, ich akzeptiere neue Erkenntnisse,
- Ich lerne dazu und entwickle mich weiter,
- Ich überprüfe meine Ansichten und Einstellungen,
- Ich achte auf einen steten Wechsel zwischen Anspannung und Entspannung,
- Ich lade so meine inneren Kräfte auf, die Energien für Körper-Seele-Geist,
- Ich lade sie auf, allein oder in einer Partnerschaft, allein oder mit Freunden, im Urlaub oder beim Sport,
- Ich bin offen für weiche und frühe Signale,
- Ich öffne mich neuen Herausforderungen und Chancen,
- Ich halte meine Angst aus und gehe mein Risiko ein, Neues zu wagen,
- Ich verhalte mich auf meinem Weg partnerschaftlich,
- Ich nähere mich meinem Ziel beharrlich und geduldig,
- Ich gehe meinen Weg Schritt für Schritt, jeden Tag aufs Neue,
- Ich halte Enttäuschungen und Rückschläge aus,
- Ich sehe das Leben wie es ist, realistisch,
- Ich habe eine Meinung, Andere sehen die Sache oft anders, und Einige womöglich ganz entgegengesetzt,
- Ich weiß, auch von mir gut gemeinte Taten empfinden manche Menschen als falsch oder ungerecht,
- Ich erkenne den Unterschied zwischen Kritik an meiner Person und an meinen Taten,
- Ich mag Menschen, aber nicht alle - und nicht alle mögen mich,

- Ich erkenne das egoistische Lebensprinzip in uns Menschen, und in allen anderen Lebewesen,
- Ich nehme diesen Egoismus zur Kenntnis - Ich akzeptiere ihn als gegeben,
- Ich bin okay! – Du bist okay!
- Ich gehe weiter meinen Weg – und der Weg ist das Ziel!

## Führungskraft –
## Ich komme zum Wesentlichen

- Ich lehne mich zurück und lasse innerlich los,
- Ich komme zu mir selbst,
- Ich atme tief durch - es atmet mich,
- Ich lasse diesen wohltuenden Strom einige Augenblicke fließen,
- Ich nehme mich aus dem Gedanken-Karussell der Details heraus,
- Ich lenke meine Gedanken vorausschauend auf das Wesentliche,
- Ich spüre die drängenden Impulse aus meiner Mitte,
- Ich vertraue den Signalen meiner Intuition,
- Ich halte die aufsteigenden Impulse als Bilder fest,
- Ich schreibe die wesentlichen Punkte auf,
- Ich setze Prioritäten,
- Ich treffe meine Entscheidungen, und ich trage die Folgen - die positiven und die negativen,
- Ich kann mich entscheiden wie ich will,
- Ich weiß, keine Entscheidung ist auch eine Entscheidung,
- Ich treffe auch Zwischen-Entscheidungen, damit es weitergeht,
- Ich lasse andere Sachen zunächst ruhen,
- Ich informiere sofort meine Mitarbeiter und begründe die Maßnahme,
- Ich bin offen für Verbesserungen und Korrekturen,

- Ich steure sofort um, wenn sich meine Entscheidung als falsch erweist,
- Ich berichte meinen Mitarbeitern regelmäßig den Stand der Dinge,
- Ich stelle mich auf das ein, was gerade akut ist,
- Ich handle zum Wohl des gesamten Unternehmens!

## Teamarbeit – kooperieren, partnerschaftlich handeln

- Ich bin als Leiter eines Teams offen für Neues,
- Ich sorge für gute Zusammenarbeit in der Gruppe, Abteilung, Bereich,
- Ich bin aufgeschlossen für alles realistisch Machbare,
- Ich nutze die Erfahrungen meiner Mitarbeiter,
- Ich gehe offen auf Menschen zu,
- Ich fördere die Ideen und die Kreativität meiner Mitarbeiter,
- Ich weiß, besonders im Zusammenwirken aller Kräfte leisten wir Großes,
- Ich erkenne meine Stärken und Schwächen,
- Ich achte die Menschen um mich herum,
- Ich handle gegenüber anderen stets so, wie ich selbst behandelt werden möchte,
- Ich spreche Konflikte an und löse sie partnerschaftlich,
- Ich bleibe flexibel und lasse Korrekturen und Änderungen zu,
- Ich fühle und denke positiv,
- Ich sorge für allgemeines Wohlbefinden im Team,
- Ich fördere die Freude und Sinnerfüllung bei der Arbeit,
- Ich weiß, dass wir uns dann alle wohl fühlen und uns auf unsere Aufgaben konzentrieren können.

*„Im Spiel reden wir nur positiv,*
*jeder hilft dem anderen."*

---

**Janik Haberer,** Mittelfeldspieler des VfL Bochum, WAZ 195/2015

# Kreativität entwickeln

- Ich weiß, meine Wünsche bestimmen meine Gedanken, denn der Wunsch ist der Vater des Gedankens,
- Ich lasse meine Gedanken frei fließen,
- Ich spüre in mich hinein und erfahre die Wünsche aus meiner Mitte,
- Ich entwickle mein Gespür für praktizierbare Ideen,
- Ich erkenne meine Impulse für Neuerungen,
- Ich bin offen für weiche Signale,
- Ich formuliere diese positiven Ich-Botschaften,
- Ich möchte ein positives Mitglied der Gesellschaft sein.

# Lehren

- Ich bin gerne Lehrer, Lehrerin,
- Ich vermittle eine positive Atmosphäre in der Klasse, in der Gruppe,
- Ich weiß, wenn Menschen sich wohl fühlen, leisten sie mehr,
- Ich helfe meinen Schülern, sich gut und frei zu fühlen,
- Ich helfe ihnen, offen und frei zu sprechen,
- Ich sorge für Freude am Sprechen,
- Ich sorge für Freude am Lernen,
- Ich helfe meinen Schülern, den Wert des Lernstoffs zu erkennen,
- Ich vertiefe den Lernstoff mit lebendigen und vertrauten Beispielen,
- Ich helfe den Schülern, den Lernstoff wirksam einzuordnen,
- Ich sorge für ein freies Lernen miteinander,
- Ich sorge für ein Lernen mit allen Sinnen,
- Ich vermittle Lernspaß und Erfolgserlebnisse („Sport-Spiel-Spannung"),
- Ich erfahre, die Schüler freuen sich auf meinen Unterricht,
- Ich sorge für positive Erlebnisse beim Vermitteln des Lernstoffs,
- Ich verknüpfe den Lerninhalt mit Beispielen aus dem Leben, aus der Praxis,
- Ich finde es gut, wenn hin und wieder gelacht wird,

- Ich bleibe den Schülern gegenüber wohlwollend und leistungsorientiert,
- Ich freue mich, jungen Menschen etwas mitgeben zu können,

**Erkenntnisse:** Wichtig für Lehrer, Eltern, Chefs. Schüler, Studenten, Mitarbeiter; alle Menschen

- brauchen Aufmerksamkeit und Wertschätzung,
- Anerkennung und Zuwendung, um gute Leistungen zu liefern,

denn bei Wohlbefinden bleiben die Menschen seelisch und körperlich gesund und belastbar!

Der Effekt und die Ergebnisse sind erstaunlich, eindrucksvoll!

# Lernen

- Ich wünsche mir einen guten Abschluss,
- Ich öffne mich diesem Erfolg,
- Ich freue mich darauf,
- Ich lerne gezielt und mit Freude,
- Ich spüre, wie meine Sinne den Lernstoff aufnehmen, verarbeiten, vernetzen,
- Ich kann das Gelernte jederzeit wiedergeben,
- Ich konzentriere mich auf das Wesentliche,
- Ich fühle mich dabei gelassen und frei,
- Ich atme tief und ruhig – es atmet mich,
- Ich sehe, wie ich selbstsicher Antworten gebe und Lösungen hinschreibe,
- Ich genieße meinen Erfolg,
- Ich bin dankbar,
- Ich danke meinen Eltern, Lehrern und Freunden!

# Leichter lernen

- Ich wiederhole in Abständen immer wieder die Informationen, die Vokabeln, den Lernstoff,
- Ich bin konzentriert, alle meine Sinne sind geöffnet,
- Ich vernetze den Lernstoff mit Vorstellungen und Bildern zu inneren Erlebnissen,
- Ich lerne abwechselnd, in kurzen Blöcken,
- Ich lerne mehrkanalig,
- Ich lese laut und schreibe: *lesen* für die Augen, *laut* für die Ohren, *schreiben* für das „Gemüt" (das Ganze),
- Ich weiß, je mehr ich den Lernstoff mit bekanntem Wissen verbinde, desto besser bleibt er haften.

# Lernen: Eltern helfen bei Hausaufgaben

- Ich interessiere mich für den Lernstoff meines Kindes,
- Ich schenke meinem Kind positive Aufmerksamkeit,
- Ich signalisiere Bereitschaft zu einfühlsamer Mitarbeit,
- Ich gehe auf die Gefühle und Wünsche meines Kindes ein,
- Ich entferne mich freundlich, wenn das Kind alleine arbeiten möchte,
- Ich überlasse dem Kind die Vorgaben für die Zusammenarbeit,
- Ich helfe meinem Kind, den richtigen Zeitpunkt für die Hausaufgaben zu finden,
- Ich erkenne, wann mein Kind eine Pause machen möchte,
- Ich lasse mir zwischendurch erklären, wie das Kind den Lernstoff beurteilt,
- Ich helfe dabei, die Lerninhalte mit lebendigen Beispielen zu festigen,
- Ich helfe meinem Kind, den Lernstoff in geeigneten Abständen zu wiederholen,
- Ich helfe meinem Kind zu selbstständigem Arbeiten,
- Ich weiß, Kinder wollen alles wissen, wollen lernen.

# Lernen: Prüfungen, Klausuren, Tests

- Ich gehe aktiv an die Aufgabe, den Lernstoff heran,
- Ich verdichte den Text zu wesentlichen Aussagen,
- Ich betrachte die Aussagen von verschiedenen Seiten,
- Ich fasse den Lernstoff noch stärker zusammen,
- Ich fühle mich gut dabei,
- Ich mache zwischen den Lerneinheiten regelmäßig Pausen,
- Ich sorge für inneren Abstand,
- Ich belohne mich nach dem intensiven Lernen,
- Ich treffe mich mit Freunden,
- Ich halte mein Lernen lebendig,
- Ich wähle immer wieder neue Themen,
- Ich mache zwischendurch Sport,
- Ich merke mir den Lernstoff und wiederhole ihn in kurzen Abständen,
- Ich finde dazu lebendige Beispiele zum besseren Behalten,
- Ich bin zum Zeitpunkt der Klausuren gut vorbereitet,
- Ich erkenne sofort die Aufgabenstellungen,
- Ich beantworte die Fragen und löse die Aufgaben,
- Ich freue mich über meinen Erfolg!

# Lernen: obwohl kein Antrieb, keine Kraft

- Ich weiß, ich sollte lernen,
- Ich möchte auch lernen,
- Ich spüre aber keine Kraft, keinen rechten Antrieb,
- Ich fürchte mich vor der großen Menge Lernstoff, der großen Aufgabe,
- Ich versuche etwas Neues, auf den Rat eines Beraters,
- Ich entscheide mich, die Bücher, den Lernstoff **nur fünf Minuten!** anzusehen: zu blättern, zur Kenntnis zu nehmen,
- Ich lege nach fünf Minuten alles **konsequent!** aus der Hand,
- Ich lehne mich zurück und atme tief durch,
- Ich genieße mit ruhigen Atemzügen meinen ersten Schritt!
- Ich werde mich jetzt **zehn Minuten!** mit den Unterlagen beschäftigen,
- Ich lege nach zehn Minuten erneut alles **konsequent!** aus der Hand,
- Ich genieße meinen längeren zweiten Schritt,
- Ich bin überrascht, welche innere Befreiung mir diese beiden kleinen Schritte gebracht haben,
- Ich bedanke mich für diese Erfahrung,
- Ich übernehme die volle Verantwortung für mein weiteres Vorgehen!

# Lernen: für einen guten Start an der Uni

- Ich beginne mein Studium in einer fremden Stadt,
- Ich spüre ein unangenehmes Grummeln vor den
  neuen Herausforderungen,
- Ich vermisse den warmen, vertrauten Kreis
  meiner Abiturklasse,
- Ich atme tief durch – es atmet mich,
- Ich bin offen für Neues,
- Ich lasse mich auf das Neue ein,
- Ich bin ich – und das ist gut so!
- Ich werde ab sofort aktiv und stelle mich
  all den Herausforderungen,
- Ich kaufe mir einen Stadtplan und mache mich
  mit den Stadtteilen vertraut,
- Ich erkundige mich nach Bus und Bahn und
  nach Terminen aller Art,
- Ich besuche die Einführungsveranstaltungen
  an der Uni,
- Ich sichte vorher Modulhandbücher und Broschüren,
- Ich informiere mich gründlich über meinen
  Studiengang,
- Ich weiß genau wie mein Studiengang aufgebaut ist,
- Ich fühle mich inzwischen gut vorbereitet,
- Ich nutze alle verfügbaren Info-Kanäle,
  auf Papier und online,
- Ich erfahre jeden Tag neue Informationen,

- Ich nutze die Vorkurse an der Uni und die Führungen durch die Bibliothek,
- Ich erfahre alles über Aufbau und Ablauf,
- Ich fühle mich dabei gut und lerne Leute kennen,
- Ich pflege die neuen Kontakte für ein gemeinsames Wohlfühlen,
- Ich fühle mich wieder angenommen und beginne ruhig und zielstrebig mein Studium,
- Ich übernehme die volle Verantwortung für mein Studium,
- Ich entscheide, ob ich eine Vorlesung besuche oder in der Unterkunft lerne,
- Ich freue mich auf die Dinge, die ich lerne und erfahre,
- Ich arbeite und lebe für eine Idee, und ich weiß, so stellen sich am ehesten Erfolge ein,
- Ich gehe meinen Weg Tag für Tag, Schritt für Schritt - für mich ist der Weg das Ziel! - Danke!

## Positive Anleitung für einen souveränen Vortrag

- Ich habe in zehn Tagen vor laufender Kamera eine Meinungsrede zu halten, vor dem Dozenten und zwanzig kritischen Kursteilnehmern,
- Ich habe die Wahl, meine Rede vom Blatt abzulesen oder frei zu sprechen,
- Ich werde dabei von den Teilnehmern nach diversen Punkten beurteilt,
- Ich spüre, wie die Videokamera jeden meiner Fehler nüchtern festhält,
- Ich habe großes Lampenfieber, ich bin unsicher – ich habe sogar Angst!
- Ich möchte den Vortrag aber sicher und souverän halten,
- Ich hole mir daher professionelle Hilfe,
- Ich lasse mich von einem erfahrenen Seminarleiter detailliert beraten,
- Ich „erfühle" den gesamten Ablauf in inneren Bildern im Voraus,
- Ich stelle mir die einzelnen Schritte in allen Einzelheiten bildlich vor, und ich achte dabei auf die Stärke meiner Gefühle,
- Ich betrachte wie in einem langsam laufenden Film die einzelnen farbigen Bilder,
- Ich spüre beim gedanklichen Durchgehen bereits leichte Angstgefühle,
- Ich nehme diese Gefühle aus meinem Innern bewusst wahr,

- Ich atme tief durch und halte die unangenehmen Gefühle aus,
- Ich bin okay! – Ihr ernst blickenden „Zuschauer" seid okay!
- Ich erarbeite meinen Text ausführlich und strukturiere ihn,
- Ich entscheide mich für die „Freie Rede",
- Ich verdichte den Text mehrfach,
- Ich verdichte ihn auf Kernaussagen und danach auf Stichworte,
- Ich mache mir in größeren Zeilenabständen Stichworte und spreche frei,
- Ich notiere meine Stichworte auf hellem Karton DIN A6,
- Ich weiß, normales Papier DIN A4 überträgt die Erregung des Vortragenden und zittert in der Hand wie Espenlaub,
- Ich beschrifte die Kartons nur einseitig, oben rechts stehen jeweils die großen Seitenzahlen,
- Ich habe gesehen wie es aussieht und wirkt, wenn der Redner seine beidseitig beschrifteten A4-Blätter durcheinander bringt und resignierend um Entschuldigung lächelt,
- Ich schreibe die ersten zwei Anfangssätze und die drei letzten Schlusssätze genau auf,
- Ich bin mir dann sicher, dass der Start und das Ende gut gelingen,
- Ich markiere die notierten Stichworte unterschiedlich farbig,
- Ich lasse beim Vortrag meinen Daumen auf der linken Seite des Kartons entlangleiten und erkenne mit kurzem Blick, wo es weitergeht,
- Ich stelle zum Schluss meiner Rede den möglichen Nutzen für die Zuhörer heraus,

- Ich kennzeichne die drei besonders wichtigen Merksätze deutlich,
- Ich halte meine Rede ein paar Mal im Voraus: in meinem Zimmer, allein oder auch vor ein bis zwei Zuhörern,
- Ich spüre, wie mein Vortrag natürlicher und lebendiger wird, der Kontakt zu den Zuhörern besser,
- Ich sehe, wie ich mich von meinem Platz erhebe, meine Unterlagen nehme, mit ruhigen Schritten an der Tischreihe der Teilnehmer vorbeigehe, mich nach rechts wende und vor den erwartungsvollen Zuhörern stehe, die hinter den in U-Form angeordneten Tischen sitzen - bereit, die Darbietung zu bewerten,
- Ich erblicke auf einem Stativ die Videokamera. Ich nehme sie zur Kenntnis,
- Ich bin ich – und das ist gut so!
- Ich nehme mit einer Person hinten links und einer hinten rechts Blickkontakt auf, damit die Rede die Zuhörer erreicht und die Stimme gut durch den Raum getragen wird,
- Ich beginne meine „Freie Rede",
- Ich spreche klar und deutlich, mit entsprechender Intensität,
- Ich weiß, dass ich damit eine bessere Wirkung erreiche, als wenn ich meine Sätze gehetzt vortrage,
- Ich spüre, wie die Zuhörer meine Sätze aufnehmen,
- Ich genieße die Wirkung meines „Vortrags",
- Ich stelle mir diese Vorausschau in gewissen Abständen erneut vor,
- Ich arbeite an meiner „Vortragstechnik",
- Ich spüre, wie ich die Spannung gut aushalten kann, wie ich sicherer werde,

- Ich erlebe in diesem Augenblick das gute Gefühl meiner Vorbereitung,
- Ich fühle mich souverän,
- Ich trage meine Meinung vor – mit Nachdruck: lebendig und frei!
- Ich halte eine engagierte Meinungsrede!
- Ich höre den starken Applaus für meinen schwungvollen Vortrag und freue mich über meinen Erfolg,
- Ich bedanke mich herzlich bei meinem erfahrenen, einfühlsamen Berater!

Glück,
Harmonie,
Gesundheit

# Glück – zufrieden sein und ausgeglichen

- Ich weiß, Glück ist Ansichtssache und
  sehr schnell flüchtig,
- Ich möchte zufrieden sein und ausgeglichen,
- Ich arbeite daran,
- Ich sorge für eine liebevolle Atmosphäre
  in meiner Familie,
- Ich pflege gute Beziehungen zu meinen Freunden,
- Ich sorge für eine gute Atmosphäre mit
  meinen Arbeitskollegen,
- Ich achte auf meinen Lebensstil und meine Gesundheit,
- Ich nehme mich von Zeit zu Zeit bewusst
  heraus aus dem Dauerstress,
- Ich achte auf meine wiederkehrenden Wünsche
  aus meinem Innern,
- Ich suche und finde immer wieder Freiräume,
- Ich komme zu mir selbst,
- Ich ziehe mich so oft ich kann zurück –
  in eine innere Freiheit,
- Ich genieße meine kleinen Erfolgserlebnisse
  auf dem Weg zu meinen Zielen,
- Ich spüre, wohin meine Wünsche mich drängen,
- Ich halte immer wieder mal inne und atme tief durch,
- Ich bin ein soziales Wesen, ich brauche
  andere Menschen,
- Ich weiß, je mehr ich mich mag, desto mehr mag ich andere, und
  desto mehr mögen andere mich,

- Ich strebe nach Selbstverwirklichung,
- Ich bin offen für Impulse aus meiner Mitte – aus der Mitte von Körper-Seele-Geist,
- Ich verhalte mich zu meinen Mitmenschen so, wie ich möchte, dass sie sich mir gegenüber verhalten,
- Ich ersetze Glück mit Zufriedenheit und Ausgeglichenheit,
- Ich entscheide mich für diesen Weg, und ich gehe ihn geduldig!

# Glück ist keine Glücksache

- Ich weiß, Glück ist relativ – manch einer sieht es genau entgegengesetzt,
- Ich komme zu mir selbst,
- Ich suche meinen Weg – Ich finde meinen Weg – Ich gehe meinen Weg,
- Ich gehe den Weg aus meiner Mitte, aus der Mitte von Körper-Seele-Geist,
- Ich sehe die Welt wie sie ist,
- Ich weiß, es gibt auch Rückschläge und Krankheiten,
- Ich mache das Beste daraus,
- Ich fühle, denke und handle positiv,
- Ich finde Ruhe und Kraft in mir selbst,
- Ich pflege gute Kontakte zu meinen Freunden,
- Ich achte auf einen liebevollen Umgang in meiner Familie,
- Ich gehe offen auf andere Menschen zu,
- Ich fördere die Harmonie in der Gruppe,
- Ich weiß, das Gute das ich gebe, wirkt auf mich selbst zurück,
- Ich lasse Dinge geschehen, die ich nicht ändern kann, oder die ich im Moment nicht ändern möchte,
- Ich überprüfe meine Erwartungen, meine Ansprüche,
- Ich weiß, je mehr Vertrauen ich gebe, desto mehr Vertrauen empfange ich,
- Ich teile meine Erfolge mit meinen Freunden,

- Ich nutze meine Stärken – Ich akzeptiere
  meine Schwächen,
- Ich suche und finde mein seelisches Gleichgewicht,
- Ich bin ich – und das ist gut so!

# Glücksgefühle herbeidenken?

- Ich atme tief durch – es atmet mich,
- Ich lasse mich innerlich fallen,
- Ich fühle mich stimmig, im Einklang mit mir selbst,
- Ich lebe im Einklang mit meinem Umfeld,
- Ich lebe freudig und aktiv in der Gegenwart,
- Ich möchte ein nützliches Glied der Gesellschaft sein,
- Ich nehme die Menschen so wie sie sind,
  mit ihren Stärken und Schwächen,
- Ich setze mir sinnvolle und erreichbare Ziele,
- Ich entwickle mich zum Positiven,
- Ich ziehe mich von Zeit zu Zeit ganz bewusst zurück
  an einen Ort der Ruhe,
- Ich weiß, in der Ruhe liegt die Kraft,
- Ich sehe die positiven Kräfte in Menschen und Dingen,
- Ich danke meiner Familie und all den Menschen,
  die mir Gutes getan haben,
- Ich bin okay – Ihr seid okay!
- Ich beachte und pflege meine Gesundheit
  von Körper-Seele-Geist,
- Ich lebe in der Gegenwart und genieße
  die Dinge in diesem Augenblick,
- Ich bin ich – und das ist gut so!

# Harmonie fühlen

- Ich lebe in der Gegenwart,
- Ich akzeptiere mich,
- Ich lehne mich zurück,
- Ich lasse innerlich los,
- Ich lasse meinen Atem fließen,
- Ich atme tief und wohltuend aus meiner Mitte –
  es atmet mich,
- Ich lasse meinen Atem einige Augenblicke fließen,
- Ich erfahre Ruhe und Kraft aus meiner Mitte,
  aus der Mitte von Körper-Seele-Geist
- Ich fühle mich ausgeglichen,
- Ich fühle meine innere Harmonie,
- Ich recke und strecke mich, ich öffne meinen Blick,
- Ich wende mich erneut aktiv dem Leben zu!

# Mein Anteil für meine Gesundheit

- Ich übernehme ab sofort bewusst Verantwortung
  für meine Gesundheit,
- Ich finde selber heraus was mir gut tut –
  geistig, seelisch, körperlich,
- Ich weiß am besten was mir bekommt,
- Ich verhalte mich entsprechend,
- Ich fühle, es fällt mir schwer mein gewohntes
  Verhalten zu ändern,
- Ich verbinde die Änderungen daher mit Gefühlen,
- Ich lese meine Leitsätze vor dem Einschlafen
  für mein Unterbewusstsein,
- Ich weiß, dass Suggestionen umso stärker wirken, je häufiger
  und intensiver ich sie mir einpräge,
- Ich bin mein eigener Trainer,
- Ich öffne mich meinen unterbewussten Empfindungen,
- Ich nehme das Leben wie es ist,
- Ich bin gesund aus meiner Mitte – aus der Mitte von *Körper-
  Seele-Geist*, aus der Mitte von *Fühlen-Denken-Handeln*,
- Ich überprüfe meine Lebensregeln, und ich entscheide sie nach
  meinen heutigen Erkenntnissen,
- Ich handle nach meinen Erkenntnissen,
- Ich finde Lösungen für meine Probleme und
  Konflikte in mir selbst,
- Ich bin für mich verantwortlich,
- Ich gewinne mit dieser Selbstverantwortung schrittweise
  Selbstvertrauen,

- Ich weiß, ist der Weg richtig, so helfen auch kleine Schritte,
- Ich fühle meine innere Sicherheit,
- Ich sage Danke!

## Gesundheit fördern, stabilisieren
## Heilung, die von innen kommt

- Ich fühle mich positiv gestimmt und lebe gesund,
- Ich gehe bei akuten Beschwerden zu meinem Arzt,
- Ich aktiviere zwischen den Arztbesuchen
  meine Selbstheilungskräfte,
- Ich weiß, ich kann meine Heilung nicht erzwingen, ich kann sie
  aber positiv beeinflussen,
- Ich helfe mit an meiner Gesundung,
- Ich öffne mich meinen inneren Kräften und
  aktiviere meine Selbstheilung,
- Ich vertraue meinen geistig-seelischen Impulsen
  und werde gesund,
- Ich weiß, es ist der Geist, der sich den Körper baut,
- Ich empfinde immer wieder Freude am Leben,
- Ich nehme mich für Augenblicke aus dem Stress heraus
  und atme tief durch,
- Ich spüre meine Bedürfnisse,
- Ich stelle mich durch Wohlbefinden und inneres Gleichgewicht
  auf Gesundheit ein – mit Körper-Seele-Geist: durch Fühlen-
  Denken-Handeln,
- Ich aktiviere in meinen Zellen Kräfte, die sich stetig zuarbeiten
  und mich heilen,
- Ich gehe den Weg meiner positiven Entwicklung,
- Ich stelle mir farbige Bilder vor mit heilenden Impulsen,
- Ich weiß, dass ich meine Krankheit nicht
  wegdenken kann,

- Ich bleibe in Kontakt mit meinem Arzt,
- Ich vertraue meinen inneren Bildern und baue darauf, dass alle meine Zellen harmonisch zusammenarbeiten und mich heilen. – Danke!

# Mein Ich stärken

- Ich habe Stärken und Schwächen,
- Ich akzeptiere mich,
- Ich bin ich - und das ist gut so!
- Ich vertraue auf meine Stärken,
- Ich stärke mein Selbstbewusstsein,
  durch Körper-Seele-Geist,
- Ich mache mit Freunden häufig Sport,
- Ich bin okay! - Du bist okay!,
- Ich erfahre Ruhe und Kraft aus meiner Mitte,
- Ich finde innere Ruhe und Harmonie in mir selbst,
- Ich weiß, je mehr ich mich mag, desto mehr
  mag ich andere,
- Ich akzeptiere mich mit meinen Stärken
  und Schwächen,
- Ich erkenne die Erfolge anderer an,
- Ich fühle, denke und handle positiv,
- Ich arbeite mit meinen Stärken,
- Ich sage „Nein!" zu Dingen, die mir widerstreben,
- Ich entscheide aus meiner Mitte,
- Ich weiß, ich kann es nicht allen recht machen,
- Ich halte die Konflikte aus,
- Ich gehe aktiv meinen Weg,
- Ich nehme die Menschen wie sie sind,
- Ich bin okay! - Du bist okay!

# Meine Außenwirkung

- Ich weiß, jeder wird ständig bewertet und eingestuft (kategorisiert),
- Ich bewerte auch Menschen, bewusst oder unbewusst,
- Ich nehme das zur Kenntnis,
- Ich akzeptiere das als einen ganz normalen Vorgang,
- Ich bin okay - Du bist okay!
- Ich kann machen was ich will, gut oder schlecht, ich komme an Beurteilung und Kritik nicht vorbei - *also mache ich!*
- Ich weiß, ich beurteile ständig Andere - und Andere beurteilen ständig mich,
- Ich kommuniziere immer - sprachlich und körpersprachlich - und Andere „sehen" das, wie sie es sehen und empfinden - und ordnen mich entsprechend ein,
- Ich nehme das zur Kenntnis,
- Ich akzeptiere mich und meinen Körper,
- Ich weiß, je mehr ich mich selbst attraktiv finde, desto mehr bin ich es auch für Andere, denn ich bewege mich natürlicher, freier und lebendiger,
- Ich mache das, was ich für wichtig und richtig halte, denn ich werde sowieso kritisiert - egal was ich mache,
- Ich bin ich - und das ist gut so!

# Meine Persönlichkeit entwickeln
## Selbstwertgefühl

- Ich habe Stärken und Schwächen,
  wie andere Menschen auch,
- Ich bin in Ordnung - Du bist in Ordnung!
- Ich akzeptiere mich,
- Ich stelle mich positiv ein,
- Ich stärke mein Selbstbewusstsein,
  mein Selbstwertgefühl,
- Ich stärke mein Selbstvertrauen, meine Selbstsicherheit,
- Ich stärke meine Selbstachtung,
- Ich stärke mein Ich,
- Ich bin ich - und das ist gut so!
- Ich entwickle mich positiv weiter,
- Ich agiere und reagiere positiv und konstruktiv
  in meinen Situationen,
- Ich bin voller Zuversicht und Hoffnung,
- Ich übernehme die Verantwortung für mein Fühlen,
  Denken und Handeln,
- Ich freue mich über meine Leistungen, und ich erkenne
  die Erfolge anderer an,
- Ich erarbeite mir gesellschaftliche Anerkennung, aber was
  zählt, ist meine eigene Beurteilung meiner selbst,
- Ich finde in der Lösung meiner Herausforderungen eine ge-
  sunde Befriedigung,
- Ich hüte mich davor, Dinge zu gut machen zu wollen,
- Ich gehe ruhig und ausdauernd meinen Weg,

- Ich fühle mich positiv gestimmt, aus der Mitte von Körper-Seele-Geist,
- Ich bin ruhig und gelassen,
- Ich gehe den Weg meiner positiven Entwicklung – und ich weiß, der Weg ist das Ziel!

## Persönlichkeitsentwicklung
## Ich gehe ins Leben

- Ich lehne mich zurück,
- Ich lasse los,
- Ich atme tief durch – es atmet mich,
- Ich lasse meinen Atem fließen,
- Ich atme wohltuend aus meiner Mitte – es atmet mich,
- Ich akzeptiere mich und meinen Körper,
- Ich weiß, je mehr ich mich selbst attraktiv finde, desto mehr bin ich es auch für andere, denn ich bewege mich natürlicher, freier und lebendiger,
- Ich bin ich – und das ist gut so!
- Ich konzentriere mich ganz auf mein Tun,
- Ich fühle den Augenblick,
- Ich nutze freie Momente und entspanne mich,
- Ich achte zwischendurch immer wieder auf meine Bedürfnisse,
- Ich bin sensibilisiert für den richtigen Augenblick,
- Ich mache mit meinen Freunden häufig am Abend Sport,
- Ich komme zu mir selbst,
- Ich finde meine innere Harmonie,
- Ich bestimme über mein Leben,
- Ich gestalte mein Leben positiv,
- Ich achte auf meine Gesundheit,
- Ich recke und strecke mich, ich öffne meinen Blick,
- Ich wende mich erneut aktiv dem Leben zu. – Danke!

## Positive Ausstrahlung
## Sympathisch wirken

- Ich lebe in der Gegenwart und spüre den Augenblick,
- Ich fühle und denke positiv,
- Ich gehe offen und freundlich auf Menschen zu,
- Ich stelle mich auf die Gefühle anderer ein,
- Ich nehme die Menschen wie sie sind,
- Ich behandle Menschen so, wie ich von ihnen behandelt werden möchte,
- Ich bin okay! – Du bist okay!
- Ich erkenne die Erfolge anderer an,
- Ich liebe das Leben, und ich freue mich auf neue Herausforderungen,
- Ich fühle mich stimmig, im Gleichklang von Körper-Seele-Geist,
- Ich genieße die heiteren Seiten des Lebens,
- Ich bin ich – und das ist gut so!

# Problem lösen, Verhalten ändern, Burnout

# Problem lösen, Nein-sagen!

- Ich habe mit einer Person ein Problem,
- Ich ärgere mich schon längere Zeit darüber,
- Ich möchte endlich eine Änderung erreichen,
- Ich habe Bedenken, das Problem vorzutragen,
- Ich spüre aber, dass ich eine Lösung brauche,
  sonst werde ich krank,
- Ich möchte endlich „Nein!" sagen,
- Ich bitte die Person um ein Gespräch,
- Ich nenne mit zwei drei Sätzen die Fakten,
- Ich beschreibe, was mich daran belastet,
- Ich zeige auf, was ich möchte,
- Ich höre mir die Aussagen und Gründe
  meines Gegenüber an,
- Ich gehe auf die Gründe ein und erarbeite mir im
  ruhigen Gespräch eine Lösung,
- Ich halte Konflikte aus, auch Drängen und Betteln,
- Ich agiere und reagiere positiv,
- Ich freue mich über die erreichte Vereinbarung,
- Ich bin okay! - Du bist okay!

# Rauchen – langsam beenden

- Ich rauche am Tag eine Menge Zigaretten,
- Ich möchte mit dem Rauchen aufhören,
- Ich spüre, ich belohne mich mit Zigaretten,
  wenn etwas gut läuft,
- Ich mildere meinen Frust mit Zigaretten,
  wenn etwas schlecht läuft,
- Ich spüre meine starke Abhängigkeit –
  auch eine gewisse Unruhe,
- Ich fühle, ich kann die Zigaretten nicht
  einfach weglassen,
- Ich weiß, dass mir auch die Verringerung
  auf die Hälfte schwer fällt,
- Ich reduziere deshalb die Zahl meiner Zigaretten
  auf dreiviertel,
- Ich strecke diese neue Menge geschickt über den Tag,
- Ich verhalte mich 3-6 Monate so,
- Ich belohne mich bewusst zwischendurch
  mit kleinen Freuden,
- Ich spüre zur rechten Zeit, wann ich mich an die
  neue Menge gewöhnt habe,
- Ich fühle mich stabil und stimmig,
- Ich habe die erste Hürde geschafft,
- Ich freue mich sehr über meinen Erfolg,
- Ich belohne mich mit einer großen Freude,

\* \* \*

- Ich starte mit der nächsten Hürde,
- Ich gehe jetzt auf dreiviertel meiner aktuellen Menge,
- Ich handle so, wie beim ersten Mal,
- Ich strecke meine neue Zigarettenmenge geschickt über den Tag,
- Ich verhalte mich wieder 3-6 Monate so,
- Ich stufe Rückschläge als normal ein und mache zuversichtlich weiter,
- Ich belohne mich bewusst zwischendurch,
- Ich gehe meinen Weg Schritt für Schritt,
- Ich weiß, ist der Weg richtig, so helfen auch kleine Schritte,
- Ich habe zur gegebenen Zeit auch diese Hürde geschafft,
- Ich habe damit meine ursprüngliche Menge fast auf die Hälfte reduziert,
- Ich genieße meinen großen Erfolg,
- Ich belohne mich mit einer schönen Sache,

* * *

- Ich übernehme die volle Verantwortung für mein Rauchen, mein Verhalten,
- Ich entscheide für mich ganz allein, ob ich rauche oder nicht rauche,
- Ich entscheide mein weiteres Vorgehen,
- Ich starte erneut und reduziere meine aktuelle Anzahl Zigaretten auf 3/4,
- Ich spüre die freudige Kraft in mir, diesen Weg weiter zu gehen,
- Ich habe Stärken und Schwächen,
- Ich genieße meine Stärke, es so weit geschafft zu haben,

- Ich bin mit meinem neuen Verhalten innerlich gelöst und ausgeglichen,
- Ich lese meine Leitsätze im entspannten Zustand immer wieder durch – mal laut mitsprechend und hörend, mal still und mitfühlend,
- Ich weiß, in der ständigen Wiederholung liegen meine Fortschritte,
- Ich habe Geduld und Ausdauer mit mir und anderen,
- Ich suche meinen Weg,
- Ich finde meinen Weg,
- Ich gehe meinen Weg: suchen, finden und gehen erfolgen von selbst – aus meinem Unterbewusstsein,
- Ich gehe den Weg meiner positiven Entwicklung,
- Ich gehe den Weg des positiven Denkens,
- Ich lese meine Leitsätze auch vor dem Einschlafen – für das Unterbewusstsein,
- Ich male mir meinen Erfolg in bunten Farben aus,
- Ich weiß, dass Suggestionen umso schneller wirken, je häufiger und intensiver ich sie mir einpräge,
- Ich öffne mich meinen unterbewussten Empfindungen,
- Ich mag mich – und je mehr ich mich mag, desto mehr mag ich andere,
- Ich weiß, wie ich weiter vorgehen werde,
- Ich kenne meinen Weg – Ich gehe ihn,
- Ich weiß, der Weg ist das Ziel! – Ich sage ganz herzlich Danke!

## Schlafen
## Ich schlafe jetzt ruhiger und tiefer

- Ich bin häufig unzufrieden mit meinem Schlaf,
- Ich bin zu oft wach und schlafe nicht tief genug,
- Ich arbeite ab sofort mit dem positiven Denken
  an einem besseren Schlaf,
- Ich bin offen für neue Erkenntnisse und Veränderungen,
- Ich bin eine Einheit von Körper-Seele-Geist,
- Ich überprüfe mein Verhalten zum Tagesausklang,
- Ich beachte meine Essgewohnheiten zum Abend,
- Ich sorge dafür, dass vor 19.00 Uhr gegessen wird,
- Ich achte auf kleinere Mengen,
- Ich reduziere meine Getränke ab 20.00 Uhr,
- Ich schalte eine Stunde vor der Nachtruhe
  um in die Ruhephase,
- Ich lüfte vor dem Schlafengehen kurz das Zimmer,
- Ich achte auf eine angenehme Raumtemperatur,
  nicht zu kalt, nicht zu warm,
- Ich lasse mich im Bett bewusst innerlich fallen –
  Arme und Beine sind ganz schwer!
- Ich komme zu mir selbst,
- Ich gebe meinen Gedanken freien Lauf,
  sie ziehen wie Wolken vorüber,
- Ich überlasse meine Sorgen in der Nacht
  meinem Unterbewusstsein,
- Ich weiß, das Unterbewusstsein sucht auch im Schlaf
  nach Lösungen,

- Ich vertraue den Lösungen aus der Mitte
  von Körper-Seele-Geist,
- Ich fühle mich dadurch unabhängig und frei,
- Ich öffne mich und lasse los,
- Ich atme tief durch – es atmet mich,
- Ich genieße wohlig mein Bett,
- Ich schlafe sofort ein,
- Ich schlafe tief und fest,
- Ich wache morgens erfrischt auf – und sage Danke!
- Ich bin ich – und das ist gut so,
- Ich recke mich und strecke mich – ich handle!

**Temperatur im Schlafzimmer:**

Daten werden oft über Generationen ungeprüft weitergegeben, von Mund zu Mund und über Medien, zum Beispiel die richtige Temperatur im Schlafzimmer. Da heißt es immer wieder: möglichst kühl, 16-18 ºC.

Vor vielen Jahren las ich einen Bericht zu diesem Thema, von einem Professor über seine Studien mit Versuchsteilnehmern.

Er berichtete:
- bei 16-18 ºC zogen die Teilnehmer ständig das Oberbett an die Kinnspitze,
- bei 22-25 ºC schoben sie die Bettdecke
  dauernd nach unten,
- bei 20 ºC schliefen die Menschen am ruhigsten.

Nach dieser klaren Aussage kann nun jeder seine beste Temperatur wählen.

# Stress immer wieder abbauen, Entspannung

Viele Menschen fühlen sich gestresst – im temporeichen Alltag und sogar in der Freizeit. Hier einige Impulse, sich zu entlasten.

- Ich fühle mich in letzter Zeit sehr gestresst,
- Ich spüre, wie ich von dieser Gesamtspannung gar nicht mehr herunterkomme,
- Ich schlafe unruhig und fühle mich morgens erschöpft,
- Ich möchte diesen Zustand unbedingt ändern,
- Ich diene damit meiner Gesundheit und meinem gesamten Umfeld – auf der Arbeit, der Familie, den Freunden,
- Ich suche und finde Lösungen,
- Ich öffne mich mutig meinen inneren Impulsen,
- Ich spüre von dort deutlich, was nach einer Änderung drängt,
- Ich erkenne, dass verschiedene Dinge unterschiedlicher Belastung vorliegen,
- Ich beginne sofort mit konstruktiven, partnerschaftlichen Gesprächen – sei es in der Familie, auf der Arbeit oder mit Freunden,
- Ich treffe offen diskutierte Vereinbarungen für eine nachhaltige Wirkung,
- Ich komme zu mir selbst,
- Ich entspanne mich – Ich lasse los,
- Ich atme ruhig und frei – es atmet mich!
- Ich lasse meinen Atem fließen,
- Ich finde innere Ruhe und Gelassenheit im Fühlen und Denken,

- Ich schöpfe neue Energie aus meiner Mitte, aus der Mitte von Körper-Seele-Geist,
- Ich fühle mein Selbstvertrauen,
- Ich bin voller Zuversicht,
- Ich bedanke mich innerlich, hebe meinen Blick und wende mich aktiv dem Leben zu!

# Verhalten ändern

- Ich aktiviere meine inneren Kräfte für
  wichtige Veränderungen,
- Ich weiß, jede Verhaltensänderung verlangt innere Entwick-
  lung – und die braucht Zeit,
- Ich stärke meinen Mut für den eigenen Weg,
- Ich gehe womöglich auch Umwege, aber vielleicht liegt gerade
  dort mein Erfolg, mein Weiterkommen,
- Ich habe Vertrauen in meine eigene
  Kraft und Eingebung,
- Ich gehe mit offenen Augen durch die Welt und
  erkenne ihre Schönheit,
- Ich bin gut zu mir und zu anderen,
- Ich verzeihe mir selbst,
- Ich bin ich – und das ist gut so!
- Ich spüre, für ein gutes Wort, für eine
  Umarmung ist immer Zeit,
- Ich denke positiv,
- Ich lebe im Jetzt!

# Wecken, Aufstehen

- Ich wache pünktlich zur gewünschten Zeit auf,
- Ich drehe mich sofort auf den Rücken!
- Ich fühle mich dabei frisch und ausgeruht,
- Ich recke mich und strecke mich – Ich recke mich und strecke mich,
- Ich spüre, wie gut ich geschlafen habe,
- Ich hebe das Oberbett hoch,
- Ich stehe auf!
- Ich beginne aktiv den neuen Tag,
- Ich gehe zielstrebig meinen Weg,
- Ich gehe offen auf Menschen zu,
- Ich bin okay! – Du bist okay!

# Motivation, Ich motiviere mich

- Ich übernehme ab sofort die volle Verantwortung für mein Leben,
- Ich nutze die Kräfte der Autosuggestion,
- Ich motiviere mich immer wieder neu und gestalte mein Leben,
- Ich denke positiv und zielgerichtet,
- Ich habe Stärken und Schwächen, wie andere Menschen auch,
- Ich entscheide zwischen Dringendem und Wichtigem,
- Ich erkenne, was aus meiner Mitte nach oben drängt,
- Ich erspüre meine positiven Ich-Botschaften: meine Wünsche und Hoffnungen, meine Erwartungen und Sehnsüchte,
- Ich erkenne meinen stärksten Wunsch, und ich sehe mein Ziel,
- Ich mache mich auf den Weg,
- Ich mache jeweils das Beste aus meiner Situation,
- Ich fühle mich wohl auf meinem Weg,
- Ich genieße meine Erfolge und belohne mich bewusst dafür,
- Ich lasse mir Zeit, ich gehe viele kleine Schritte,
- Ich probiere Verschiedenes aus und finde für mich das Richtige,
- Ich löse mich von überholten Zielen,
- Ich konzentriere mich auf Ziele, die ich erreichen kann,
- Ich motiviere mich langfristig durch positive Zwischenergebnisse,

- Ich spüre in mich hinein und erfahre, was mir gut tut und mir wichtig ist,
- Ich fühle, denke und handle aus meiner Mitte,
- Ich gehe meinen Weg zum Ziel Schritt für Schritt, Tag für Tag,
- Ich genieße meine kleinen Erfolge,
- Ich weiß, ich brauche Geduld, weil neues Verhalten viele Wochen braucht, um stabil zu werden, um selbstverständlich zu sein,
- Ich lerne ein Leben lang,
- Ich entwickle mich ständig weiter,
- Ich finde meinen eigenen Weg – und ich gehe ihn,
- Ich achte auf einen Ausgleich zwischen Arbeit und Freizeit,
- Ich bin ich – und das ist gut so!

## Optimismus
## Freunde, Kollegen, Mitmenschen

- Ich setze mir realistische Ziele,
- Ich stärke mein Selbstwertgefühl,
- Ich stärke mein Selbstvertrauen,
- Ich helfe mir selbst,
- Ich versuche, in jeder noch so schwierigen Lage etwas Positives zu sehen,
- Ich handle aktiv, meine Ziele zu erreichen,
- Ich achte auf die Bedürfnisse anderer,
- Ich respektiere die Wünsche anderer,
- Ich achte und schätze meine Freunde,
- Ich handle im Sinne von Geben und Nehmen – und Partnerschaft,
- Ich pflege meine Freundschaften,
- Ich zeige auch meine Gefühle, und je mehr ich mich öffne, desto mehr Vertrauen erhalte ich,
- Ich kann auch enttäuscht werden, aber nur so erhalte ich freundschaftliche Nähe und Geborgenheit!

*Ein Optimist ist jemand,*
*der genau weiß wie schlecht die Welt sein kann.*
*Ein Pessimist ist jemand,*
*der täglich neu zu dieser Erkenntnis gelangt.*

**Peter Ustinov** (1921-2004) Britischer Schauspieler
WAZ 216/2000

## Beruf, Arbeit, Leistung

- Ich denke positiv,
- Ich mache das, was ich am besten kann und
  was mich am meisten ausfüllt,
- Ich weiß, dass ich dann belastbarer bin und mehr leiste,
- Ich fühle mich bei meiner Arbeit im Hier und Jetzt,
- Ich finde einen Sinn und eine gewisse Ruhe
  in meinem täglichen Tun,
- Ich konzentriere mich bei meiner Arbeit
  auf das Wesentliche,
- Ich halte immer wieder mal inne und spüre
  in mein Inneres hinein,
- Ich weiß, mit meinen Wünschen bestimme ich mein Fühlen,
  Denken und Handeln,
- Ich lebe in der Gegenwart und fühle mich im Einklang mit dem,
  was ich gerade tue,
- Ich löse die Aufgaben, die erfolgversprechend sind,
- Ich formuliere bei Bedarf die einzelnen Schritte,
- Ich „denke schriftlich" und strukturiere
  meine Gedanken,
- Ich setze mir langfristige Ziele,
- Ich gehe auf den Weg zu meinen Zielen,
- Ich gehe diesen Weg Schritt für Schritt, einen Schritt nach dem
  anderen – und ich weiß, der Weg ist das Ziel!
- Ich genieße den Augenblick,
- Ich suche mir auf meinem Weg gleichgesinnte Partner,
- Ich nenne meine Erwartungen und strukturiere sie,

- Ich weiß, alles ist im Wandel,
- Ich übernehme die Verantwortung für mein Handeln,
- Ich möchte im Unternehmen größere Aufgaben übernehmen,
- Ich bin bereit, dadurch mehr Konflikte auszuhalten,
- Ich halte den Druck und die Spannungen aus, und erprobe neue Wege!

# Burnout – Ich befreie mich davon

- Ich fühle mich schon längere Zeit sehr unwohl auf der Arbeit,
- Ich bin gestresst, weil mein Fühlen, Denken und Handeln zurzeit nicht übereinstimmen,
- Ich empfinde die seelische Belastung als zu hoch, den Druck von allen Seiten,
- Ich drehe mich mit meinem Fühlen und Denken im Kreis und finde keinen Ausweg,
- Ich spüre krankmachende negative Impulse, ständigen Kopfdruck,
- Ich finde auch zu Hause und in der Freizeit keine Ruhe mehr,
- Ich kann nicht einschlafen, wälze mich im Bett herum,
- Ich bin morgens gerädert und antriebslos, mag kaum noch aufstehen,
- Ich habe bisher gut funktioniert – mit Leben, Lieben, Arbeit,
- Ich fühle mich jetzt erschöpft und innerlich völlig leer,
- Ich bin tief enttäuscht, deprimiert – völlig unbestimmt, ohne Hoffnung,
- Ich suche nach Auswegen aus dieser quälenden Resignation, Depression,

\* \* \*

- Ich gehe auf den Rat eines Freundes zu einem Gesprächspsychotherapeuten, der nach den Regeln des amerikanischen Psychologen Carl R. Rogers arbeitet,
- Ich erhalte dort „Klientenzentrierte Gesprächspsychotherapie",
- Ich erlebe, wie der Therapeut sich mir innerlich zuwendet, wie er mich als Menschen annimmt, mich in meinen Gedanken begleitet, mit aktivem Suchen und Bemühen, wie er sich auf meine Gefühle einstellt, den Gefühlsgehalt reflektiert und mir hilft, meinen eigenen Weg zu finden und zu entwickeln,
- Ich erkenne dabei mit jeder Sitzung deutlicher meine Nah- und Fernziele, und ich gewinne die Kraft, auf diese Ziele zugehen zu können,
- Ich fühle mich nach einigen Sitzungen selbstsicher genug und beende die „Klientenzentrierte Gesprächspsychotherapie",
- Ich verabschiede mich von meinem Therapeuten und gehe von innen heraus meinen Weg zu meinen Zielen!

\* \* \*

- Ich bin offen für Neues,
- Ich achte auf meine Wünsche – auf die Bedürfnisse von Körper-Seele-Geist,
- Ich lerne, *Nein* zu sagen!
- Ich weiß, ich kann es nicht allen recht machen,
- Ich entwickle mich positiv,
- Ich gehe diesen Weg Schritt für Schritt, jeden Tag,
- Ich lasse auch mal „Fünfe gerade sein",
- Ich finde immer wieder einen Ausgleich zum Stress des Tages,
- Ich entspanne mich in der Familie und mit Freunden,

- Ich fühle mich wieder wohl. – Danke!

*Es ist unglaublich, wieviel Kraft die Seele*
*dem Körper zu leihen vermag.*

---

**Wilhelm von Humboldt** (1767-1835)
Preußischer Gelehrter, Schriftsteller

# Balance, Hemmungen beseitigen, 60 – und was nun?

## Balance, Kraft für Körper-Seele-Geist
## Durchatmen, Loslassen

- Ich komme innerlich zur Ruhe,
- Ich fühle den Augenblick,
- Ich bin bewusst im Hier und Jetzt,
- Ich konzentriere mich ganz auf mein Tun,
- Ich achte zwischendurch immer wieder auf meinen Körper und meine Bedürfnisse,
- Ich nutze freie Momente und entspanne mich,
- Ich erkenne den richtigen Augenblick,
- Ich lehne mich zurück, ich lasse los,
- Ich atme tief durch – es atmet mich,
- Ich lasse meinen Atem fließen,
- Ich komme zu mir selbst,
- Ich achte auf meine Gesundheit,
- Ich atme wohltuend aus meiner Mitte – es atmet mich,
- Ich fühle mich ausgeglichen und stimmig,
- Ich recke mich und strecke mich, ich öffne meinen Blick,
- Ich wende mich erneut aktiv dem Leben zu!

## Abschalten von Stress, Überstunden, Zeitdruck

- Ich fühle mich in letzter Zeit seelisch und körperlich ständig überlastet,
- Ich kann nach der Arbeit kaum noch abschalten,
- Ich kann mich nach Feierabend nicht mehr richtig fallen lassen und erholen, auch nicht am Wochenende,
- Ich spüre, wie mich bereits am Sonntagnachmittag eine große Unruhe auf die kommende Woche erfasst,
- Ich schlafe in dieser Nacht besonders flach und unruhig,
- Ich fühle mich am Morgen gerädert und gereizt, müde und antriebslos,
- Ich erkenne, dass ich diesen Zustand unbedingt ändern sollte,
- Ich habe meine Aufgaben bisher gerne und engagiert erfüllt,
- Ich vermisse für meine derzeitige, langwierige Aufgabe die Wertschätzung durch den Chef,
- Ich lasse bei meiner Tätigkeit gedanklich immer wieder mal los und atme tief durch,
- Ich versuche, mich nach Feierabend und am Wochenende wenigstens ein paar Stunden ganz in innerer Harmonie zu fühlen,
- Ich spüre aber, dass das noch keine echte Lösung ist,
- Ich möchte nach Feierabend und am Wochenende ganz abschalten und mit Familie, Freunden und Hobbys spontan leben,
- Ich spreche in der Familie und mit guten Freunden über meine Unruhe,

- Ich finde heraus, wann und wo ich mich am Wohlsten fühle, wo ich Raum und Zeit vergessen kann,
- Ich mache Dinge die mir gut tun, dabei ist völlig egal, was ich mache,
- Ich suche und finde einvernehmliche, partnerschaftliche Lösungen,
- Ich entscheide mich zunächst für kürzere Urlaube, statt drei Wochen am Stück,
- Ich achte auf meine innere Stimme und bin offen für praktische Lösungen,
- Ich bin auch mir selbst gegenüber nachsichtig,
- Ich darf auch mal einen Fehler machen!

# Mobbing, Depression, Zusammenbruch

- Ich fühle mich schon längere Zeit unwohl auf der Arbeit (in der Schule, in meiner Klasse, in meinem Umfeld),
- Ich empfinde die psychische (seelische) Belastung als zu hoch, den Druck von allen Seiten,
- Ich drehe mich gefühlsmäßig im Kreis und finde keinen Ausweg,
- Ich finde auch zu Hause und in der Freizeit keine Ruhe mehr,
- Ich schlafe schlecht und bin antriebslos,
- Ich habe Angst zu versagen, dem hohen Anspruch nicht zu genügen,
- Ich fühle mich hilflos und ausgeliefert,
- Ich suche nach Auswegen aus dieser quälenden Resignation, Depression,

\* \* \*

*Ab hier gleiche Textpassage wie*
**Burnout – Ich befreie mich davon**

## Hemmungen beseitigen
## Ich löse meine Hemmungen auf

- Ich leide schon viel zu lange an meiner Unsicherheit und meinen Hemmungen,
- Ich möchte mich endlich davon befreien,
- Ich mache mich auf den Weg,
- Ich atme tief durch – es atmet mich,
- Ich komme zu mir selbst,
- Ich weiß, ich kann meine Hemmungen nicht wegzaubern, ich kann aber daran arbeiten,
- Ich überprüfe mein Fühlen und Denken,
- Ich vermute die Wurzeln meiner Unsicherheit im Umfeld meiner Kindheit, durch hin und wieder falsche Regeln, Druck und Angst,
- Ich verabschiede mich von der Erziehung durch meine Eltern – sie haben für mich getan, was sie konnten,
- Ich verabschiede mich auch von der Erziehung durch all die anderen Menschen, die mich über Jahre für das Leben *ausgerichtet* haben,
- *Ich* übernehme ab jetzt die volle Verantwortung für mein Fühlen, Denken und Handeln,
- Ich löse mich nach und nach von all den Hemmungen meiner Jugend – Ich löse sie auf!
- Ich bin ein Mensch, ich habe Stärken und Schwächen,
- Ich bin ich – und das ist gut so!
- Ich wiederhole immer wieder den Dank an meine Eltern, und

gleichzeitig die Übernahme der vollen Verantwortung an mich, für mein Fühlen, Denken und Handeln.

- Ich weiß, mein Vater und meine Mutter haben mit ihrer eigenen Prägung und mit den Regeln ihrer Zeit für mich getan, was gut für mich sein sollte,
- Ich danke Euch dafür!
- Ich liebe Euch!
- Ich bin mir aber jetzt selbst ein lieber Vater und eine liebe Mutter, mit meinen heutigen Regeln und Ansichten, und ich gebe mir die nötige Anerkennung und innige Liebe, wie ich sie brauche,
- Ich genieße diese warmen elterlichen Zuwendungen aus meiner Mitte, aus der Mitte von Körper-Seele-Geist, aus der Mitte von Fühlen-Denken-Handeln,
- Ich nehme mich jetzt selbst in die Arme, und ich sehe, wie sich nach und nach meine Hemmungen und Ängste wohltuend in Luft auflösen,
- Ich danke für diese Erkenntnisse, und ich gebe mich immer wieder diesen heilenden Gefühlen und Impulsen hin,
- Ich gehe diesen positiven Weg Schritt für Schritt,
- Ich liebe das Leben, und ich richte meinen Blick voraus!
- Ich bin okay – Ihr seid okay!
- Ich bin ich – und das ist gut so!

\* \* \*

Sollte das alles nicht helfen, empfehle ich ambulant als begleitende Therapie die „Klientenzentrierte Gesprächspsychotherapie" nach Carl R. Rogers.

Das ist ein nicht-direktives Verfahren, bei dem nichts vorgegeben oder verlangt wird, sondern der Therapeut oder die Therapeutin begleitet den Klienten mit aktivem Suchen und Bemühen durch die Welt seiner Wünsche und Gefühle, zum Beispiel:

- ungeklärte Gefühle,
- empfundene Ausweglosigkeit,
- seelische Nöte,
- Ängste und Unruhe vor der Zukunft,
- vor den täglichen Anforderungen,
- negatives Selbstbild, das zu großem Leidensdruck führt,
- geringes Selbstwertgefühl, starke Minderwertigkeitsgefühle,

Und wer meint, er habe gar keine Therapie nötig, benutzt diese partnerzentrierte Gesprächsführung als nicht-direktive Beratung zur *Psychohygiene*, oder ganz allgemein: als Basis-Gespräche für Veränderungen. Dabei gewinnt der Klient in jeder Sitzung mehr und mehr Klarheit über seine Nah- und Fernziele, und gewinnt die Kraft, auf diese Ziele zugehen zu können.

In vielen Fällen genügen schon 5-7 Sitzungen für einen Erfolg. Der Therapeut darf nicht „klammern" oder eine bestimmte Anzahl von Sitzungen vorgeben. Eine Sitzung dauert etwa fünfzig Minuten. Der Klient spürt, wann er sich stark genug fühlt allein seinen Weg zu gehen, und beendet von sich aus die Sitzungen.

Ist das **Kernproblem** gelöst, lösen sich die Teilprobleme mehr oder weniger von allein!

\* \* \*

*Psychohygiene:*
Reinigung der Seele,
- um sich neu zu orientieren,
- um den eigenen Weg zu finden,
- in Einklang gelangen mit Körper-Seele-Geist

# 60 – und was nun?

Als jüngerer Mensch habe ich erlebt, wie einem ausscheidenden Kollegen ein Zentimeterstock zum Spaß hingehalten wurde, mit dem Hinweis: „So Paul, diese 63 Zentimeter bist Du gegangen, und diese 12 Zentimeter bleiben Dir statistisch noch. Also nutze die Zeit!"

Mir war dieser direkte Hinweis zu schroff, ich fühlte mich unwohl. Und deshalb machen wir das gleich mit den Ich-Botschaften fürsorglicher.

Auch habe ich zwei Mal erlebt, wie wichtig der rechtzeitige Umzug in eine altersgerechte Wohnung ist, solange man noch selber aktiv sein kann,

- einmal vom 3. Obergeschoss Altbau in eine Senioren-Wohnanlage mit Aufzug ( bald darauf war wegen Kniebeschwerden ein Rollator nötig),

- einmal vom Erdgeschoss Hochparterre in eine Wohnung mit nur einer Treppenstufe (kurz darauf waren zwei Hüftoperationen erforderlich),

Ich fühlte dabei, wie schwer es den Menschen fiel, nach über 45 Jahren die vertrauten Wohnungen, mit dem aktivsten Teil ihres Lebens, zu verlassen.

*Wenn es um tiefere Gefühle geht,*
*dauert der Abschied lang.*

---

**Dieter Packheiser**

\* \* \*

- Ich scheide in Kürze nach einem langen
  Berufsleben aus,
- Ich fühle eine gewisse Wehmut, den vertrauten und intensiven
  Lebenskreis zu verlassen,
- Ich freue mich andererseits auf die Zeit, die dann kommt,
- Ich spüre aber auch, wie das jahrelange, anstrengende Lernen,
  Ausbilden und all mein Fachwissen, nicht mehr gebraucht werden,
- Ich verlasse einen intensiven, wichtigen Lebensabschnitt, einen großen Teil meines Lebens,
- Ich nehme diese Gedanken und Gefühle zur Kenntnis und atme
  tief durch – es atmet mich,
- Ich lasse mich innerlich fallen und öffne mich neuen kreativen
  Impulsen aus meiner Mitte,
- Ich richte ab sofort mein Fühlen, Denken und Handeln nach
  vorne, auf das was jetzt kommt,
- Ich fühle und denke ganzheitlich,
- Ich erlebe, wie einige meiner älteren Freunde gesundheitlich
  angeschlagen sind,
- Ich stelle mich geistig, seelisch und körperlich auf Gesundheit
  ein,
- Ich achte ab sofort genauer auf meine Ernährung,
- Ich sorge dafür, dass vor 19.00 Uhr zu
  Abend gegessen wird,

- Ich sehe die Dinge um mich herum realistisch,
- Ich agiere und reagiere flexibel,
- Ich bin offen für Neues,
- Ich lerne immer wieder dazu - ein Leben lang,
- Ich konzentriere mich auf Ziele, die mir wichtig sind,
- Ich denke jetzt auch an die späteren Jahre, an das Älterwerden,
- Ich kümmere mich um eine altersgerechte Wohnung,
- Ich arbeite an erforderlichen Veränderungen in kleinen Schritten - aber stetig,
- Ich gestalte mein Leben positiv,
- Ich fühle mich stimmig in meinem Handeln,
- Ich freue mich über kleine Dinge, die mir tagsüber gut tun,
- Ich pflege guten Kontakt zu meinen Freunden und zu den Nachbarn,
- Ich gehe hoffnungsvoll meinen weiteren Weg,
- Ich sage Danke!

*Nichts ist beständig –*
*das einzig Beständige*
*ist der Wandel!*

———————————

**Spruch in einem Büro**

## Im Alter sich von Sachen trennen
## Geist und Seele frei machen

- Ich gehöre jetzt in meinem Lebensalter zu den Senioren,
- Ich merke, wie ich öfter Rückschau halte, aber auch
  weit voraus schaue,
- Ich liebe das Leben, und ich möchte mich frei fühlen,
- Ich spüre aber, wie mich meine vollen Schubladen und Schränke
  mit schönen und zum Teil teuren Erinnerungen immer stärker
  belasten,
- Ich weiß, dass viele dieser Dinge für meine Kinder und Enkel
  ihren Wert verloren haben,
- Ich fühle gleichzeitig eine gewisse Trauer, mich von diesen Sa-
  chen zu trennen,
- Ich atme tief durch und treffe eine Entscheidung,
- Ich befreie mich von „Ballast" –
  Ich entrümple mein Leben,
- Ich packe nach und nach Schubladen und Schränke aus,
- Ich nehme mir eine Schublade vor, packe sie aus, putze durch,
  und packe sie kritisch wieder ein,
- Ich lege nur das zurück, was ich behalten möchte,
- Ich lege auch das zurück, wo ich mich
  nicht entscheiden kann,
- Ich weiß dann wenigstens, was in dem Fach drinsteckt, selbst
  wenn alles wieder zurückkommt,
- Ich sorge dafür, dass nach mehreren Schubladen
  doch einiges anfällt,
- Ich lasse los – Ich befreie meine Seele,

- Ich trenne mich von Kristallvasen, Gläsern und Schalen, von Pokalen, Dia-Sammlungen und Garderobe, von Schuhen, Handtaschen und billigem Schmuck,
- Ich schaffe Ordnung und konzentriere mich auf das Wesentliche,
- Ich frage nach, wer etwas geschenkt haben möchte – den Rest entsorge ich,
- Ich trenne mich auch von einigen Büchern, obwohl mir das schwer fällt,
- Ich spüre, wie mich das Weggeben befreit, wie es mich leichter macht,
- Ich führe diese Aktion in sechs Monaten erneut durch – Ich bleibe dran,
- Ich verschaffe mir neue Übersicht,
- Ich halte Dinge zurück, die mich erfreuen,
- Ich überprüfe meine Wünsche und konzentriere mich auf das Wesentliche,
- Ich richte meinen Blick nach vorn und öffne mich für Neues,
- Ich danke für diese Erkenntnis!

*Das Alter beginnt, wenn die*
*Lebenslust endet.*
*Wer immer neu anfängt,*
*wird grau, aber nicht müde.*

———————

**Angela Meyer-Barg**
HÖRZU 42/2002

## Ausklang

Liebe Leserin, lieber Leser,

gerne bin ich mit Ihnen ein Stück des Weges gemeinsam gegangen. Für Ihr intensives Mitfühlen bedanke ich mich herzlich. Ich wünsche Ihnen alles Gute und verabschiede mich mit einem kräftigen Händedruck.

Sie gehen jetzt erfolgreich **Ihren eigenen positiven Weg**. Und ich sehe Sie zuversichtlich lächeln, weil Sie ja genau wissen:

**Der Weg ist das Ziel!**

# Anmerkungen, Begriffe

Burnout:
- ausgebrannt; klingt, wie zu hart auf Dauer gearbeitet,
- lässt sich „flüssig" rüberbringen,
- „man" gehört irgendwie zu den Guten, den Tüchtigen.

Depression:
- wirkt gesellschaftlich negativ,
- Person gilt als anfällig, nicht mehr durchsetzungsstark,
- nicht so recht verlässlich.

HÖRZU, Programmzeitschrift, Großer Burstah 18-32, 20457 Hamburg.

WAZ: Westdeutsche Allgemeine Zeitung, Friedrichstraße 34-38, 45128 Essen.

# Literaturhinweise

Carl R. Rogers, Die nicht-direktive Beratung, Taschenbuch, Kindler, München, 1976

Carl R. Rogers, Die klientenzentrierte Gesprächspsychotherapie, Taschenbuch, 2. Auflage, Kindler, München, 1978

# Ebenfalls vom Autor erschienen:

**Abnehmen - Der Königsweg**
ISBN: 978-3-7583-8919-1

Selbsterkenntnisse, kleine Schritte und Geduld führen zu Wunschgewicht und dauerhaftem Erfolg.

Sie haben am Ende dieses geduldigen Weges Ihr Gewicht für immer im Griff, spüren durch die Leitsätze wohltuende Zuwendung, starten mit den aktiven Ich-Sätzen direkt in Ihre Persönlichkeitsentwicklung und gewinnen Sicherheit für Ihre Entscheidungen von innen heraus.

*Wer profitiert davon?*
- Menschen, die abnehmen wollen,
- die schon alles versucht haben,
- besonders die Menschen, die unter ihrem Körpergewicht leiden.

*Wie komme ich zum Erfolg?*
- durch völlig andere Herangehensweise, durch sofort anwendbares Wissen,
- durch Leitsätze, die aktiv zum inneren Kern des Menschen führen,
- durch Anleitungen zu selbstbewusster Lebensgestaltung.